Fit für... Textaufgaben

Mein Übungsheft

2. Klasse

Text: Andrea Tonte
Illustration: Guido Wandrey

TESSLOFF

Vorwort

Hallo du,
meine Ameisenfreunde und ich haben jede Menge Textaufgaben für dich: zum Rechnen bis 100 und zum Rechnen mit Größen, Zahlenrätsel und Kombinatorik. Vorher zeigen wir dir, wie du Textaufgaben Schritt für Schritt lösen kannst.

So funktioniert's
Am besten, du nimmst dir jeden Tag ein paar Minuten Zeit zum Üben. In der Heftmitte findest du die lustigen Ameisensticker. Für jede gelöste Doppelseite schnappst du dir einen, der dir gefällt, und klebst ihn auf das Ausmalbild. Sind alle Felder voll, bist du fit für die Schule!

Hast du alles richtig?
Das herausnehmbare Lösungsblatt in der Mitte hilft dir bei der Selbstkontrolle. Du kannst es auch herausnehmen.

Ich wünsche dir viel Ameisen-Power beim Üben!

Inhaltsverzeichnis

Textaufgaben lösen lernen

Textaufgaben üben

Textaufgaben genau lesen

Lies den Text immer **ganz genau**. Beginne noch nicht mit dem Rechnen. Erzähle dir selbst in Gedanken, was passiert.

1 Lies den Text langsam durch. Decke ihn dann ab und erzähle die Geschichte mit eigenen Worten. Kreuze richtig an.

Am letzten Schultag vor den Sommerferien geht die Klasse 2a mit ihrer Lehrerin in die Eisdiele. Alle 20 Kinder aus der Klasse sind dabei. Jedes Kind darf sich 2 Kugeln aussuchen.

Wohin geht die Schulklasse?

☐ ins Schwimmbad ☐ in die Eisdiele ☐ in den Zoo

Welche Klasse geht dorthin?

☐ 2a ☐ 2b ☐ 2c

Wie viele Kinder sind dabei?

☐ 24 ☐ 18 ☐ 20

Wie viele Kugeln bekommt jedes Kind?

☐ 1 Kugel ☐ 2 Kugeln ☐ 3 Kugeln

Wichtiges markieren

In Textaufgaben stehen manchmal Zahlen und Dinge, die du nicht zum Ausrechnen brauchst. Lies dir die Frage genau durch und überlege dir, was du ausrechnen sollst. **Unterstreiche** dann die **wichtigen Angaben**.

1 Lies die Aufgabe und die Frage genau durch.

Im Vorratskeller der Hexe befinden sich 3 Regale mit Zaubertränken. Im ersten Regal stehen 8 Zaubertrankgläser. Davon sind 3 grün, 3 blau und 2 rot. Im zweiten Regal stehen 6 Zaubertrankgläser und es krabbeln 5 Spinnen darauf herum. Im dritten Regal befinden sich 2 Säckchen mit Pilzen und 3 Zaubertrankgläser.

F: Wie viele Zaubertrankgläser besitzt die Hexe insgesamt?

2 Unterstreiche in der Aufgabe alle Angaben, die du zum Rechnen brauchst.

3 Rechne aus und schreibe eine passende Antwort auf.

R: 8 + _____ + _____ = _____

A: Die Hexe besitzt insgesamt _____ Zaubertrankgläser.

Rechenwörter erkennen und verstehen

Achte auf **Rechenwörter** oder Hinweise im Text, die dir sagen, ob du plus, minus, mal oder geteilt rechnen musst.

1 Trage ein, wie die Rechenzeichen heißen.

geteilt minus mal plus

+ ____________ · ____________

− ____________ : ____________

2 Welches Rechenzeichen passt? Verbinde richtig.

alle zusammen	+	fliegen dazu
hat weniger	−	steigen aus
das Doppelte von	·	ist kleiner
kommen hinzu	:	die Hälfte von

Rechenwörter erkennen und verstehen

3 Wie musst du rechnen?
Male das passende Rechenzeichen an.

15 Kinder sitzen im Bus. An der nächsten Haltestelle steigen 14 Kinder dazu.

+ − · :

Für eine Packung Bauklötze zahlt Peter 2 €. Er kauft sich 3 Packungen.

+ − · :

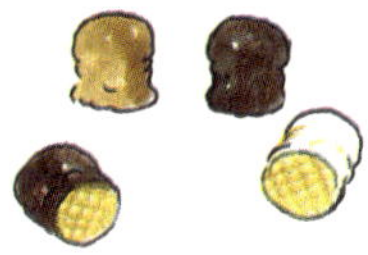

Lea hat 28 Schokoküsse dabei.
3 davon verschenkt sie schon morgens im Bus.

+ − · :

Sascha feiert seinen 18. Geburtstag. Sein Bruder ist 6 Jahre jünger.

+ − · :

Mia hat 12 Pferdesticker. Sie verziert Postkarten mit jeweils 3 Stickern.

+ − · :

Die Rechenfrage finden

Manchmal musst du die **Rechenfrage** selbst finden. Stell dir dazu noch einmal die Aufgabe als Geschichte vor. Was passiert? Was kannst du in dieser Geschichte ausrechnen?

1 Welche Fragen kannst du beantworten? Kreuze sie an.

Ben sammelt Spielfahrzeuge. Er besitzt 5 rote und 9 blaue Rennautos, 3 Motorräder, 1 Lastwagen, 2 Polizeiautos und 1 Krankenwagen. Bei 3 Fahrzeugen fehlt jeweils 1 Reifen.

- Wie viele Spielfahrzeuge besitzt Ben? ☐
- Welche Farbe hat der Lastwagen? ☐
- Wer hat Ben den Krankenwagen geschenkt? ☐
- Wie viele Reifen haben alle Fahrzeuge zusammen? ☐
- Warum haben 3 Fahrzeuge nur 3 Reifen? ☐

2 Bei welcher Frage musst du rechnen? Kreuze an.

Martin und Kathy spielen mit Würfeln.
Kathy würfelt eine 3, eine 5 und eine 1.
Martin würfelt eine 2, eine 6 und eine 4.

- Wie oft hat Kathy gewürfelt? ☐
- Wie viele Würfelaugen hat Martin zusammen? ☐

Die Rechenfrage finden

3 Finde die Rechenfragen zu den folgenden Aufgaben.

Die Katzen auf dem Huberhof werden gefüttert. 6 Katzen fressen bereits aus ihren Näpfen. Das riechen die anderen 3 Katzen und kommen angelaufen.

F:

Herr Beier geht mit seinen beiden Kindern in ein Konzert. Das Konzert beginnt um 16 Uhr. Die Eintrittskarten kosten für Erwachsene 5 € und für Kinder 2 €.

F:

Das Ergebnis überprüfen

Überlege immer, ob dein **Ergebnis** überhaupt stimmen kann. Rechne mit der Umkehraufgabe noch einmal nach, wenn du dir nicht sicher bist. Denke auch an die richtige Einheit.

1 Überlege, ob die Antwort stimmen kann.

Lucia ist heute Morgen um 17 Uhr aufgestanden.

☐ kann stimmen ☐ kann nicht stimmen

Ludwig hat heute insgesamt 50 Pizzen gegessen.

☐ kann stimmen ☐ kann nicht stimmen

Der Hals von Giraffe Lola ist 2 m lang.

☐ kann stimmen ☐ kann nicht stimmen

Der Opernsänger Herr Fidelio übt täglich 5 h Singen.

☐ kann stimmen ☐ kann nicht stimmen

Der Zaun für die Kartbahn ist 83 € lang.

☐ kann stimmen ☐ kann nicht stimmen

Von der Pension „Sonnenbichl“ bis zum Rosensee läuft man 3 km.

☐ kann stimmen ☐ kann nicht stimmen

Die Antwort finden

Die **Antwort** muss immer genau die Frage beantworten. Lies dir daher die Frage noch einmal durch. Achte darauf, ob Einheiten wie zum Beispiel € in der Frage stehen. Diese müssen in der Antwort wieder vorkommen.

1 Kreuze die richtige Antwort an.

Ole spielt Fußball. Seine Mannschaft hat 8 Tore geschossen. Die Gegner haben 6 Tore geschossen. Wie viele Tore fielen insgesamt?

Die Gegner haben 14 Tore geschossen. ☐

Oles Mannschaft hat 14 Tore geschossen. ☐

Es fielen 14 Tore. ☐

Franziska sammelt Fußballbilder. Sie hat 2 Stapel. In jedem Stapel liegen 7 Bilder. Wie viele Bilder hat Franziska?

Franziska hat 14 Bilder. ☐

Franziska braucht noch 14 Bilder. ☐

Franziska hat 2 Stapel. ☐

Frage – Rechnung – Antwort

Eine Textaufgabe besteht aus diesen drei Teilen:
F: Frage **R:** Rechnung **A:** Antwort

1 Finde die Frage. Rechne dann aus und schreibe die passende Antwort auf.

Lea wünscht sich ein Aquarium. In einem Geschäft sieht sie ein Aquarium mit Fischen für insgesamt 100 €. Darin schwimmen blaue und gelbe Fische. Nur die Fische ohne das Becken würden 20 € kosten.

F:

R:

A:

Zeichnungen anfertigen

Mit einer **Zeichnung** kannst du dir die Rechengeschichte oft besser vorstellen. Zeichnungen helfen dir auch, die Zahlen zu sortieren.

1 Maria hat ihre 15 Bücher geordnet. Im linken Regal befinden sich 4 Bücher. Im mittleren Regal sind doppelt so viele.

F: Wie viele Bücher stehen im rechten Regal?

Zeichnung:

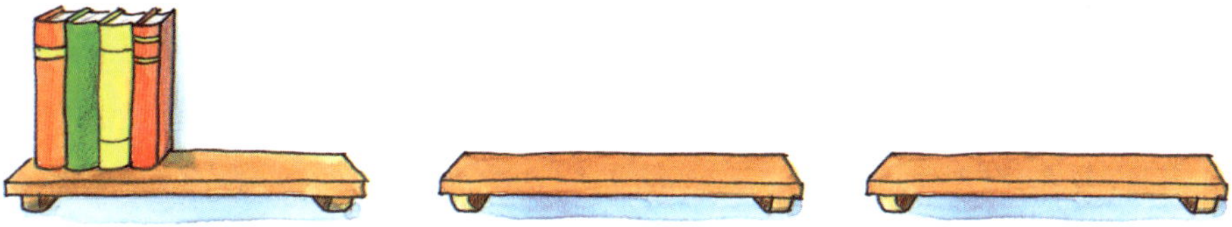

A:

Tabellen anlegen

Tabellen helfen dir, wenn du viele verschiedene Zahlen übersichtlich darstellen und vergleichen möchtest.

1 Lege eine Tabelle mit Strichliste an.
Beantworte dann die Fragen.

Die Kinder der Klasse 2 c stimmen heute darüber ab, wohin der nächste Ausflug gehen soll.

Ina: Zoo	Maxi: Museum	Jozo: Wald
Vivien: Burg	Silvan: Wald	Laura: Wald
Emilia: Zoo	Mahmut: Burg	Merlin: Wald
Antonia: Burg	Claudia: Burg	Martina: Museum

Zoo			
II			

F: Wie viele Kinder möchten ins Museum gehen?

A: ______ Kinder möchten ins Museum gehen.

F: Wie viele Kinder möchten in den Wald oder zur Burg?

R:

A: ______ Kinder möchten in den Wald oder zur Burg.

Diagramme lesen

Mit **Diagrammen** kannst du Zahlen vergleichen.
Schau dir die Einheiten im Diagramm genau an.

1 Sieh dir das Diagramm genau an.

In der Skischule werden die Kinder in 4 Gruppen eingeteilt. Sieh dir das Diagramm genau an.

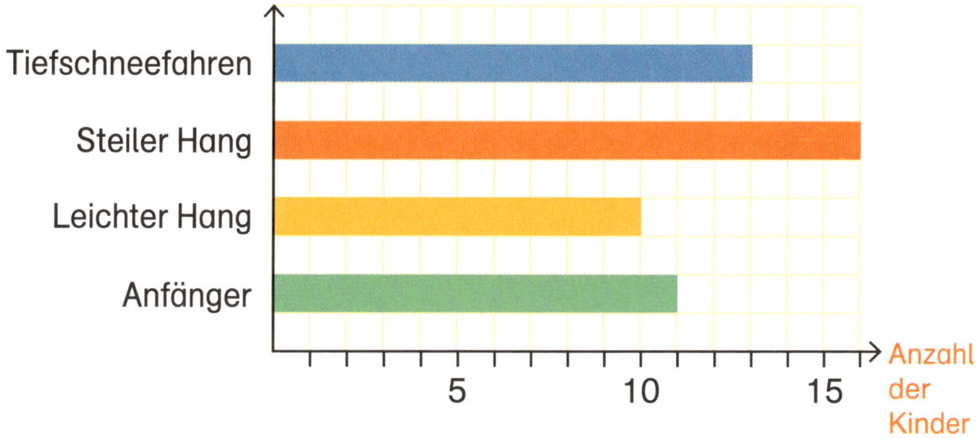

In welcher Gruppe sind die meisten Kinder?

____

Wie viele Kinder sind beim Tiefschneefahren? ________

2 Was stimmt? Kreuze an.

- ☐ Es gibt mehr Kinder am steilen Hang als am leichten.
- ☐ Die wenigsten Kinder machen einen Anfängerkurs.

Alle Tipps auf einen Blick

Eine Textaufgabe besteht immer aus 3 Teilen:

F: Frage **R**: Rechnung **A**: Antwort

So gehst du beim Lösen vor:

1. Lies zuerst den **Text** genau durch. Beginne noch nicht mit dem Rechnen.

2. Erzähle die **Rechengeschichte** mit deinen eigenen Worten.

3. Unterstreiche alle wichtigen **Angaben**.

4. Wie heißt die **Frage**? Musst du die Frage selbst finden? **F**

5. Überlege, ob dir eine **Zeichnung**, eine **Tabelle** oder ein **Diagramm** beim Lösen helfen kann.

6. Achte auf die **Rechenwörter** und überlege dir, ob du plus, minus, mal oder geteilt rechnen musst.

7. Rechne **schrittweise**. **R**

8. Überlege, ob dein Ergebnis stimmen kann. Rechne die **Umkehraufgabe**, wenn du nicht sicher bist.

9. Lies die Frage noch einmal durch und finde einen passenden **Antwortsatz** dazu. **A**

Plus- und Minusaufgaben bis 100

1 Schreibe die Geschichte als Rechnung auf und finde eine passende Antwort.

42 Fledermäuse sind aus der alten Villa ausgeflogen.	Nun flattern 15 weitere Fledermäuse hinterher.	Wie viele Fledermäuse sind insgesamt ausgeflogen?
↓	↓	↓

R: ____ + ____ = ____

A: Insgesamt sind ____ Fledermäuse ausgeflogen.

Fledermaus Ignazia fängt 75 Fliegen.	Davon gibt sie 35 Fliegen an ihr Junges ab.	Wie viele Fliegen hat Ignazia noch für sich selbst?
↓	↓	↓

R: ____ − ____ = ____

A: Ignazia hat für sich selbst noch ____ Fliegen.

Plus- und Minusaufgaben bis 100

2 Löse die Aufgaben. Bei manchen musst du auch die passende Frage finden.

Das Eichhörnchen sammelt Nüsse für seinen Wintervorrat. Es hat schon 27 Haselnüsse und 31 Walnüsse gefunden.

F: Wie viele Nüsse sind das zusammen?

R:

A:

Das Eichhörnchen hat Hunger und frisst aus seinem Vorrat 9 Nüsse auf.

F: Wie viele Nüsse hat es jetzt noch?

R:

A:

Plus- und Minusaufgaben bis 100

Vanessa hat 15 neue Weltraum-Sticker bekommen.
Sie hat nun 66 Sticker in ihrem Album.

F:

R:

A:

Gartenzwerg Ferdinand stellt fest: „Von meinen 48 angesäten Sonnenblumenkernen sind 16 nicht aufgegangen."

F: Wie viele Sonnenblumen blühen im Garten von Gartenzwerg Ferdinand?

R:

A: Im Garten von Gartenzwerg Ferdinand blühen _____ Sonnenblumen.

Plus- und Minusaufgaben bis 100

Sandra und Finn spielen Karten.
Wer die meisten Punkte hat, gewinnt.

Sandra: 

Finn: 

F: Wer gewinnt?

R:

A:

Maulwurf Theo ist ganz aus der Puste: „Heute habe ich 2 Hügel gebaut. Für den ersten Hügel habe ich 21 Steine aus der Erde ausgegraben und für den zweiten waren es 17 Steine, puh!“

F: Wie viele Steine hat Theo insgesamt ausgegraben?

R:

A: Theo hat insgesamt _____ Steine ausgegraben.

Plus- und Minusaufgaben bis 100

In einer Basteltüte mit 100 Federn befinden sich 21 rote, 48 blaue, 6 gelbe und noch grüne Federn.

F: Wie viele Federn sind grün?

R:

A:

Die Mäuse stibitzen bei Familie Huber 23 Stück Käse, bei Familie Janson 47 Stück und bei Familie Kaya holen sie sich 13 Stück Käse.

F:

R:

A:

Plus- und Minusaufgaben bis 100

Der Märchensultan besitzt 87 fliegende Teppiche. Davon sind aber 53 so stark verschmutzt, dass er sie zum Reinigen geben muss.

F: Wie viele Teppiche sind sauber?

R:

A:

In Opas Garten fliegen 26 Bienen, 41 Wespen und 32 Hummeln. Dann fliegen einige Bienen, Wespen und Hummeln in den Nachbargarten zu Herrn Pfister. Jetzt summen nur noch 78 Tierchen in Opas Garten.

F: Wie viele Tierchen sind im Nachbarsgarten?

R:

A: Im Nachbarsgarten sind _____ Tierchen.

Plus- und Minusaufgaben bis 100

Anna und Tom tauchen nach Muscheln. Anna findet 43 Muscheln und Tom findet 36 Muscheln. Davon schenken sie ihrer Freundin Leah 25 Muscheln.

F:

R:

A:

In Frau Kleines Schuhgeschäft stehen 25 Paar Sandalen, 19 Paar Tanzschuhe und 37 Paar Stiefel zum Verkauf.

F: Wie viele Paar Schuhe sind das insgesamt?

R:

A: Das sind insgesamt ______ Paar Schuhe.

Mal- und Geteiltaufgaben mit 5 und 10

1 Zeichne fertig. Rechne aus und trage die Antwort ein.

Bäuerin Lisa verkauft in ihrem Hofladen Eier.
Immer 10 Eier sind in einer Schachtel.
Heute hat sie 5 volle Schachteln verkauft.

F: Wie viele Eier hat Lisa verkauft?

A: Lisa hat _____ Eier verkauft.

2 Rechne aus und finde die Antwort.

Jedes der 5 Hühner von Herrn Meier legt täglich ein Ei.

F: Wie viele Eier hat Herr Meier in einer Woche?

R:

A: Herr Meier hat wöchentlich _____ Eier.

Mal- und Geteiltaufgaben mit 5 und 10

3 Löse die Aufgaben.

Die Katzen auf dem Bauernhof haben Nachwuchs. Bäuerin Lisa bringt jeden Abend 20 Katzenbabys in ihre Körbchen. In jedem Korb haben 5 Babys Platz.

F: Wie viele Körbe braucht Lisa für ihre Katzenbabys?

R:

A: Lisa braucht _____ Körbe.

Emma hat für ihren Geburtstag 15 Luftballons aufgeblasen. Sie verteilt die Luftballons gerecht zwischen sich und ihren 4 Gästen.

F: Wie viele Luftballons bekommt jedes Kind?

R:

A: Jedes Kind bekommt _____ Luftballons.

Mal- und Geteiltaufgaben mit 5 und 10

4 Lies die Aufgaben genau und rechne aus.

Emma verteilt 25 Mini-Schokoküsse gerecht zwischen sich und ihren 4 Geburtstagsgästen.

F: Wie viele Mini-Schokoküsse bekommt jedes Kind?

R:

A: Jedes Kind bekommt ______ Mini-Schokoküsse.

Zum Abschluss darf jedes der 5 Kinder gleich viele Kerzen der Geburtstagstorte anzünden. Emma ist 10 Jahre alt geworden.

F: Wie viele Kerzen darf jedes Kind anzünden?

R:

A:

Mal- und Geteiltaufgaben mit 2, 4 und 8

1 Schau dir die Bilder an und rechne aus.

Wie viel kostet der Eintritt für 7 Kinder?

Der Eintritt kostet _____ €.

Erkan hat doppelt so viele Bälle.

Er hat _____ Bälle.

2 Zeichne fertig. Rechne aus und trage die Antwort ein.

In der Höhle von Waldzwerg Gogo leben
6 Spinnen. Jede Spinne hat 8 Beine.

F: Wie viele Beine haben alle Spinnen zusammen?

R:

A:

Mal- und Geteiltaufgaben mit 2, 4 und 8

3 Verteile und löse die Textaufgabe.

Waldzwerg Gogo verteilt 36 Knödel an seine Mäuse. Jede Maus bekommt 4 Knödel.

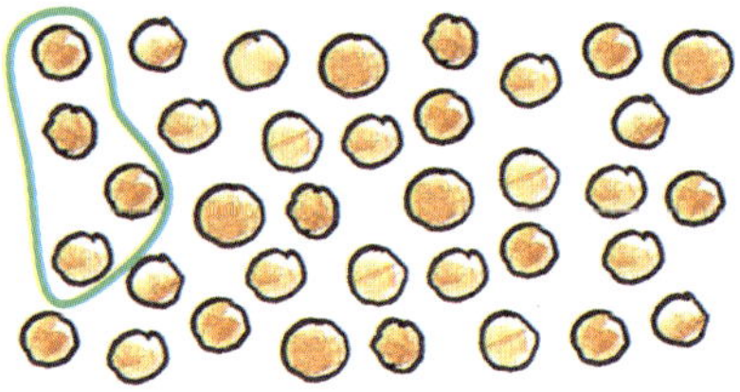

F: Wie viele Mäuse hat Gogo?

R:

A:

4 Löse die Aufgaben.

Lars liest jeden Tag 8 Seiten in seinem spannenden Buch. Das Buch hat 80 Seiten.

F: Wie viele Tage braucht Lars, um sein Buch fertig zu lesen?

R:

A: Lars braucht ______ Tage.

Mal- und Geteiltaufgaben mit 2, 4 und 8

An seinem Stand auf dem Jahrmarkt hängt Herr Lindner immer 8 Lebkuchenherzen auf einen Ständer. Er hat insgesamt 4 Lebkuchenständer.

F: Wie viele Lebkuchenherzen hängt Herr Lindner auf?

R:

A: Herr Lindner hängt _____ Lebkuchenherzen auf.

Linus, Tatjana, Anton und Felix machen eine Schatzsuche. Sie finden eine Schatzkiste mit 20 Glitzeraufklebern und 16 Fußballaufklebern. Sie legen alle Aufkleber zusammen und verteilen sie dann gerecht unter sich.

F: Wie viele Aufkleber bekommt jedes Kind?

R:

A:

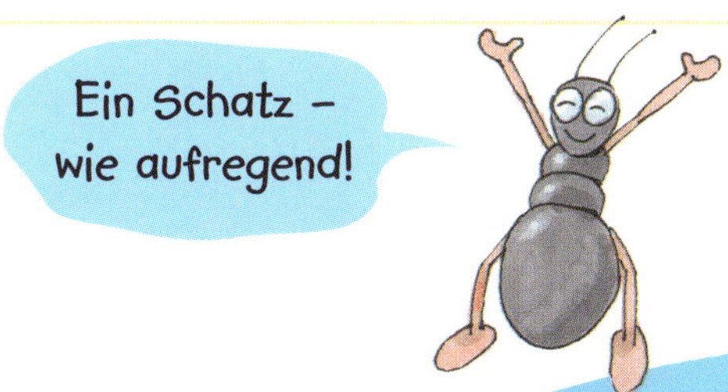

Mal- und Geteiltaufgaben mit 2, 4 und 8

Am Moorsee gibt es einen Tretbootverleih. Gerade fahren 9 Tretboote auf dem See. In jedem Tretboot sitzen 4 Personen.

F: Wie viele Personen fahren Tretboot?

R:

A:

Charlotta bastelt mit ihren 7 Freundinnen Ketten. Die 8 Mädchen teilen die 56 Perlen gerecht untereinander auf.

F: Wie viele Perlen kann jedes Kind auf seine Kette fädeln?

R:

A: Jedes Kind kann ______ Perlen auf seine Kette fädeln.

Gemischte Mal- und Geteiltaufgaben

1 Löse die Aufgaben.

Im Kino schauen sich heute 90 Personen den neuen Piratenfilm „Der Schatz im Mississippi" an. 9 Reihen sind vollständig belegt.

F:

R:

A:

Alex verteilt Spielzeugflieger an seine 8 Freundinnen und Freunde. Er schenkt jedem der 8 Kinder 2 Flieger.

F: Wie viele Flieger verschenkt Alex?

R:

A: Alex verschenkt _____ Flieger.

In einer Packung waren 8 Spielzeugflieger.

Wie viele Packungen hatte Alex?

R:

A: Alex hatte _____ Packungen.

Auf die Plätze, fertig, kleben! Hier geht es los.
Hurra, jetzt bist du fit!

Fit für...
Textaufgaben
Mein Übungsheft

Lösungsheft

Lösungen:

Seite 4

1 Diese Antworten kreuzt du an: in die Eisdiele, 2a, 20 Kinder, 2 Kugeln.

Seite 5

2 8 Zaubertrankgläser; 6 Zaubertrankgläser; 3 Zaubertrankgläser

3 **R:** 8 + 6 + 3 = 17

A: Die Hexe besitzt insgesamt **17** Zaubertrankgläser.

Seite 6

1 **+** plus · mal

– minus **:** geteilt

2 **+** (plus): alle zusammen, das Doppelte von, kommen hinzu, fliegen dazu

– (minus): hat weniger, steigen aus, ist kleiner, die Hälfte von

· (mal): das Doppelte von

: (geteilt): die Hälfte von

Seite 7

3 **+**, **+** oder **·**, **–**, **–**, **:**

Seite 8

1 Wie viele Spielfahrzeuge besitzt Ben?
Wie viele Reifen haben alle Fahrzeuge zusammen?

2 Bei der zweiten Frage musst du rechnen.

Seite 9

1 **F:** Wie viele Katzen fressen jetzt aus ihren Näpfen? (oder: Wie viele Katzen sind es insgesamt?)

F: Wie viel kostet der Eintritt insgesamt? (oder: Wie viel muss Herr Beier bezahlen?)

Seite 10

1 Kann nicht stimmen
Kann nicht stimmen.
Kann stimmen.
Kann stimmen.
Kann nicht stimmen.
Kann stimmen.

Seite 11

1 Es fielen **14** Tore.
Sie hat **14** Bilder.

Seite 12

1 **F:** Wie viel kostet das Becken?

R: 100 € – 20 € = 80 €

A: Das Becken kostet 80 €.

Seite 13

1 

R: 4 + 4 = 8   4 + 8 = 12   15 – 12 = 3

A: Im rechten Regal stehen 3 Bücher.

Seite 14

1

Zoo	Burg	Museum	Wald
II	IIII	II	IIII

A: 2 Kinder möchten ins Museum gehen.

R: 4 + 4 = 8

A: 8 Kinder möchten am liebsten in den Wald oder zur Burg.

Seite 15

1 Steiler Hang;13

2 Die erste Aussage stimmt.

Seite 17

1 **R:** 42 + 15 = 57

A: Insgesamt sind **57** Fledermäuse ausgeflogen.

R: 75 – 35 = 40

A: Ignazia hat für sich selbst noch **40** Fliegen.

Seite 18

2 R: 27 + 31 = 58

A: Zusammen sind das 58 Nüsse.

R: 58 – 9 = 49

A: Jetzt hat es noch 49 Nüsse.

Seite 19

F: Wie viele Sticker hatte Vanessa vorher?

R: ? + 15 = 66
66 – 15 = 51

A: Vanessa hatte vorher **51** Sticker.

R: 48 – 16 = 32

A: Im Garten von Gartenzwerg Ferdinand blühen **32** Sonnenblumen.

Seite 20

R: Sandra: 8 + 6 + 5 + 7 = 26
Finn: 7 + 3 + 5 + 9 = 24

A: Sandra gewinnt.

R: 21 + 17 = 38

A: Theo hat insgesamt **38** Steine ausgegraben.

Seite 21

R: 21 + 48 + 6 = 75
100 – 75 = 25

A: 25 Federn sind grün.

F: Wie viele Käsestücke stibitzen die Mäuse?

R: 23 + 47 + 13 = 83

A: Die Mäuse stibitzen 83 Stück Käse.

Seite 22

R: 87 – 53 = 34

A: 34 Teppiche sind noch sauber.

R: 26 + 41 + 32 = 99
99 – ? = 78   99 – 78 = 21

A: Im Nachbarsgarten sind 21 Tierchen.

Seite 23

F: Wie viele Muscheln haben Anna und Tom noch?

R: 43 + 36 = 79   79 – 25 = 54

A: Anna und Tom haben noch 54 Muscheln.

R: 25 + 19 + 37 = **81**

A: Das sind insgesamt 81 Paar Schuhe.

Seite 24

1 

R: 5 · 10 = 50

A: LIsa hat **50** Eier verkauft.

2 R: 7 · 5 = 35

A: Herr Meier hat wöchentlich 35 Eier.

Seite 25

3 

R: 20 : 5 = 4

A: Lisa braucht 4 Körbe für ihre Katzenbabys.

R: 15 : 5 = 3

A: Jedes Kind bekommt **3** Luftballons.

Seite 26

R: 25 : 5 = 5

A: Jedes Kind bekommt **5** Mini-Schokoküsse.

R: 10 : 5 = 2

A: Jedes Kind darf 2 Kerzen anzünden.

Seite 27

1 Der Eintritt kostet **14** €.
Er hat **8** Bälle.

2 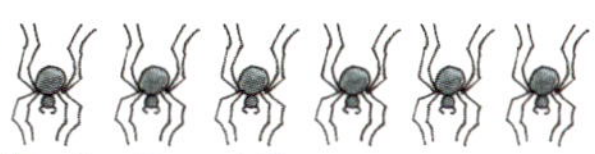

R: 6 · 8 = 48

A: Alle Spinnen zusammen haben 48 Beine.

Seite 28

3 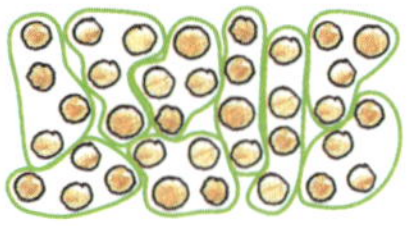

R: 36 : 4 = 9
A: Gogo hat 9 Mäuse.
R: 80 : 8 = 10
A: Lars braucht **10** Tage.

Seite 29

R: 8 · 4 = 32
A: Herr Lindner hängt **32** Lebkuchenherzen auf.
R: 20 + 16 = 36
36 : 4 = 9
A: Jedes Kind bekommt 9 Aufkleber.

Seite 30

R: 9 · 4 = 36
A: Es fahren 36 Personen Tretboot.
R: 56 : 8 = 7
A: Jedes Kind kann **7** auf seine Kette fädeln.

Seite 31

1 **F:** Wie viele Personen sitzen in einer Reihe?
R: 90 : 9 = 10
A: Es sitzen 10 Personen in einer Reihe.
R: 8 · 2 = 16
A: Alex verschenkt **16** Flieger.
R: 16 : 8 = 2
A: Alex hatte **2** Packungen.

Seite 34

R: 3 · 7 = 21
A: Felix muss noch 21 Tage warten.
R: 24 : 2 = 12
12 : 3 = 4
A: Jeder der 3 Freunde bekommt **4** Erdbeeren.

Seite 35

1 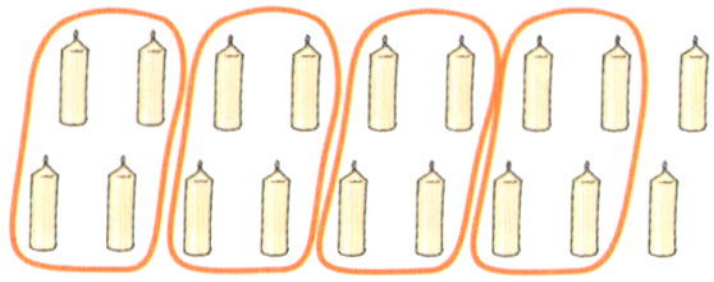

R: 18 : 4 = ?
16 : 4 = 4
18 : 4 = 4 R 2
A: Frau Flora kann **4** Kränze binden.
Es bleiben **2** Kerzen übrig.
2 **R:** 46 : 6 = 7 R 4
A: Frau Flora kann **7** Geschenkkartons füllen.
4 Seifen bleiben übrig.

Seite 36

1 **R:** 17 : 3 = 5 R 2
A: Anna kann 5 Sonnenblumen verzieren.
2 Käfer bleibt übrig.
F: Wie viele Gondeln brauchen die Kinder, damit alle Kinder fahren können?
R: 13 : 2 = 6 R 1
A: Die Kinder brauchen 7 Gondeln.
1 Kind fährt alleine.

Seite 37

F: Wie viele Bonbons bekommt jedes Kind und wie viele bleiben übrig?
R: 32 : 10 = 3 R 2
A: Jedes Kind bekommt 3 Bonbons.
2 Bonbons bleiben übrig.
F: Wie viele Beutel kann er füllen und wie viele Äpfel kann er dann noch einzeln verkaufen?
R: 57 : 6 = 9 R 3
A: Er kann 9 Beutel füllen und 3 Äpfel bleiben übrig.

Mein Übungsheft

Jedes Heft: € [D] 8,00 / € [A] 8,30

ISBN: 978-3-7886-2503-0

ISBN: 978-3-7886-2500-9

ISBN: 978-3-7886-2476-7

ISBN: 978-3-7886-2477-4

ISBN: 978-3-7886-2502-3

ISBN: 978-3-7886-2501-6

ISBN: 978-3-7886-2478-1

ISBN: 978-3-7886-2479-8

ISBN 978-3-7886-2480-4

ISBN 978-3-7886-2481-1

ISBN 978-3-7886-2482-8

ISBN 978-3-7886-2483-5

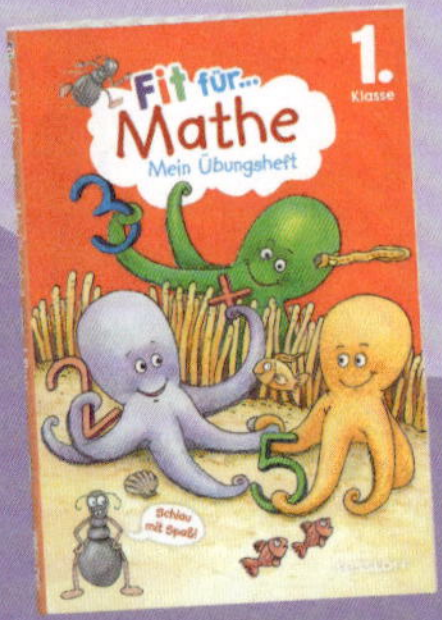

ISBN 978-3-7886-2484-2

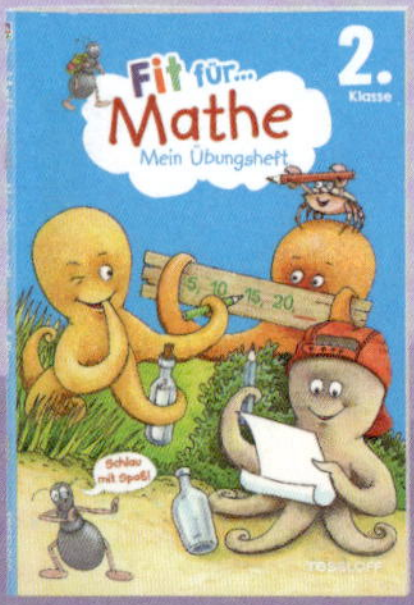

ISBN 978-3-7886-2485-9

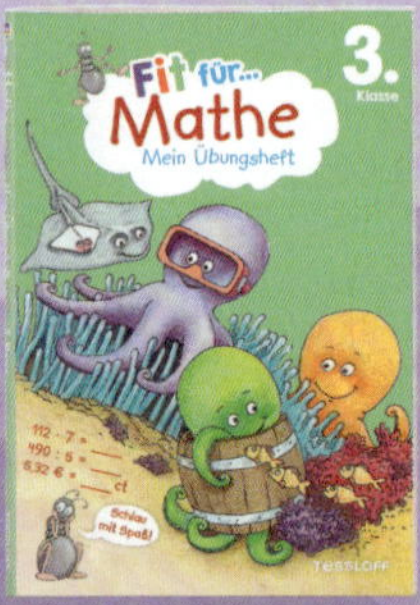

ISBN 978-3-7886-2486-6

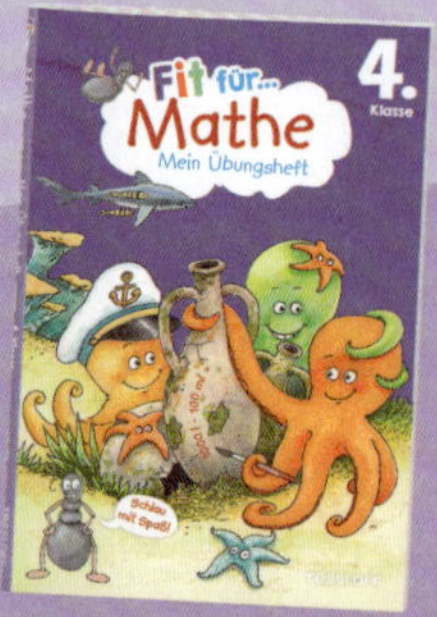

ISBN 978-3-7886-2487-3

Seite 38

1

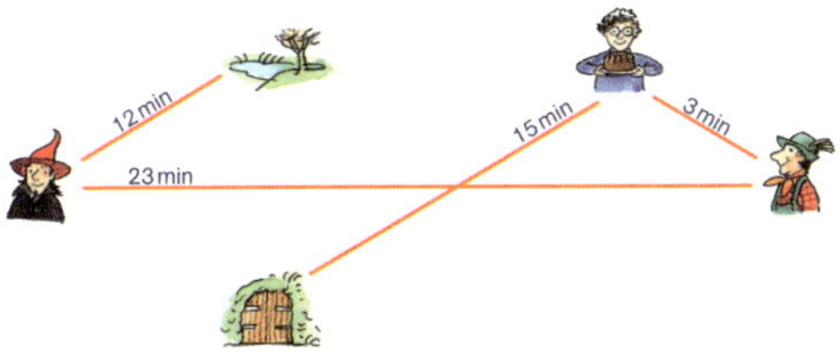

R: 15 min + 3 min + 23 min + 12 min
= 53 min

A: Der Räuber läuft **53** min bis zum Weiher.

Seite 39

R: 53 min + 17 min + 11 min = 81 min
81 min = 1 h 21 min

A: Er ist heute insgesamt 1 h 21 min unterwegs.

R: 23.36 Uhr + 12 min = 23.48 Uhr
+ 12 min = 0.00 Uhr

A: Räuber Rumpel muss um 23.36 Uhr loslaufen.

Seite 40

2 **R:** 16.30 Uhr $\xrightarrow{+\,30\text{ min}}$ 17.00 Uhr
17.00 Uhr $\xrightarrow{+\,25\text{ min}}$ 17.25 Uhr
30 min + 25 min = 55 min

A: Das Training dauert 55 min.

R: 14.30 Uhr $\xrightarrow{+\,30\text{ min}}$ 15.00 Uhr
15.00 Uhr $\xrightarrow{+\,60\text{ min}}$ 16.00 Uhr
30 min + 60 min = 90 min

A: Die Chorstunde ist um **16.00 Uhr** zu Ende.

Seite 41

R: 15.40 Uhr $\xrightarrow{+\,20\text{ min}}$ 16.00 Uhr

A: Das Training beginnt um **16.00 Uhr**.

R: 14.50 Uhr $\xrightarrow{+\,10\text{ min}}$ 15.00 Uhr

A: Es war **14.50 Uhr**, als Lina losging.

R: 60 min + 15 min + 15 min = 90 min
90 min = **1 h 30 min**

A: Radmila ist **1 h 30 min** von zu Hause weg.

Seite 42

1 **F:** Wie viel muss der Zwerg bezahlen?

R: 11 € + 4 € + 1,50 € = 16,50 €

A: Der Zwerg muss 16,50 € bezahlen.

F: Wie viel Geld bekommt er zurück?

R: 2 € + 15 € + 1 € = 18 €
50 € – 18 € = 32 €

A: Er bekommt 32 € zurück.

Seite 43

2 Das sind einige Möglichkeiten:
45 € + 9 € = 54 €
38 € + 15 € = 53 €
27 € + 15 € + 9 € = 51 €
15 € + 9 € + 7 € = 31 €

Seite 44

3 **R:** 5 · 2 € = 10 €

A: Ein Fahrschein kostet 10 €.

R: 3 · 3 € = 9 €
3 · 2 € = 6 €
9 € + 6 € = 15 €

A: Die drei Kinder bezahlen für alles zusammen 15 €.

Seite 45

R: 8 € + 7 € + 25 € + 18 € = 58 €

A: Sie haben insgesamt 58 € eingenommen.

R: 58 € - 8 € = 50 € 50 € : 2 = 25 €

A: Jeder bekommt 25 €.

Seite 46

1 **R:** Berta: 17 m + 20 m = 37 m
Rosalie: 12 m + 21 m = 33 m
Sandoria: 19 m + 16 m = 35 m
Katinka: 20 m + 22 m = 42 m

A: Katinka hat gewonnen.

Seite 47

2 **R:** 2 m 80 cm + 20 cm = 3 m
3 m + 20 cm = 3 m 20 cm
A: Tobias springt 3 m 20 cm weit.
R: 8 m 60 cm + ______ = 9 m 40 cm
8 m 60 cm + **40 cm** = 9 m
9 m + **40 cm** = 9 m 40 cm
40 cm + 40 cm = 80 cm
A: Die Drachenmama spuckt 80 cm höher.

Seite 48

3 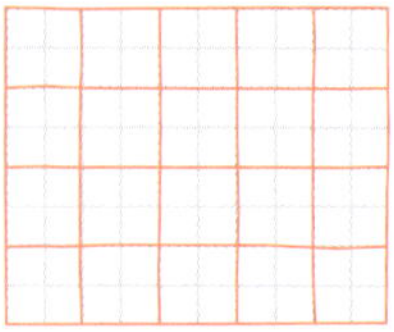

40 cm breit

50 cm lang

A: Es sind 20 Stücke.

4

insgesamt **20** Pizzastücke			
Talea: **4**	Alisa: **4**	Milan: **4**	Olek: **8**

Seite 49

R: 2 m 60 cm + 3 m 20 cm = 5 m 80 cm
A: Bora hat 5 m 80 cm zurückgelegt.
R: 7 · 9 m = 63 m
A: Pinguin Anton ist 63 m geschwommen.

Seite 50

1 **R:** 6 € + 8 € = 14 €
14 € − 5 € = 9 €
9 € : 3 = 3 €
A: Jedes Kind hat **3** € übrig.
2 **R:** 29 : 9 = 3 R 2
A: Die Kinder brauchen **4** Gondeln.

Seite 51

3 **R:**  5,00 € : 5 = 1,00 €
 0,70 € : 1 = 0,70 €
 1,60 € : 2 = 0,80 €
A: 

Seite 52

4 **R:** 3 · 8 € = 24 €
6 · 2 € = 12 €
24 € + 12 € = 36 €
A: Herr Klapper gibt **36** € aus.
R: roter Stift: 13 cm
blauer Stift: 13 cm + 3 cm = 16 cm
grüner Stift: 16 cm : 2 = 8 cm
gelber Stift: 13 cm − 2 cm = 11 cm
A: Der rote Stift ist **13** cm, der blaue **16** cm, der grüne **8** cm und der gelbe **11** cm lang.

Seite 53

R: 15 € + 20 € = 35 €
A: Tim kann sich das **Schiff** kaufen.
R: 42 : 6 = 7
A: Es sind **7** Waggons besetzt.

Seite 54

R: 21 € + 7 € = 28 €
28 € − 10 € = 18 €
18 € : 2 = 9 €
A: Jedes Kind muss **9** € bezahlen.
R: 7 + 3 + 6 = 16
16 − 4 = 12
A: Nun befinden sich **12** Kinder im Schwimmbecken.

Seite 55

R: 53 € − 5 € = 48 €
48 € : 6 = 8 €
A: Jedes Kind bekommt 8 €.
R: 23 + 1 = 24
24 : 8 = 3
A: Die Lehrerin kauft 3 Packungen.

Seite 56

R: 2 Katzen haben 8 Beine.
28 − 8 = 20
20 Beine haben die Hühner.
20 : 2 = 10

A: Bauer Oli hat 10 Hühner.

R: 20 : **5** = 4
35 : **5** = 7

A: Emma hat **5** Gäste.

Seite 57

1 ? + 36 = 58
? − 25 = 28
? · 7 = 35
? : 3 − 5 = 4
? · 2 + 32 = 50
25 + 7 − 10 = ?

Seite 58

2 Wenn ich zu meiner Zahl **26 dazuzähle, erhalte ich 88.**
Wenn ich von meiner Zahl **7 abziehe, erhalte ich das Doppelte von 3.**

Seite 59

3 36 →(+18)→ 54 →(:6)→ 9 →(−6)→ 3

66 →(−22)→ 44 →(:2)→ 22 →(+8)→ 30

100 →(:2)→ 50 →(−25)→ 25 →(:5)→ 5
100 ←(·2)← 50 ←(+25)← 25 ←(·5)← 5

Seite 60

4

Ich nehme meine Zahl mal 6 und erhalte 54.	9 · 6 = 54
Ich teile meine Zahl durch 9 und erhalte 6.	54 : 9 = 6
Ich ziehe von meiner Zahl 6 ab und erhalte 54.	60 − 6 = 54
Ich nehme 6 mal 9 und erhalte meine gesuchte Zahl.	6 · 9 = 54

5 36; 15

Seite 61

6 Erste Zahl: „die Hälfte von allen Zahlen"
50 : 2 = 25
Zweite Zahl: „um 20 kleiner als die erste"
25 − 20 = 5
Dritte Zahl: 50 − 25 − 5 = 20
Die drei Zahlen heißen **25, 5** und **20**.
Erste Zahl: „das Doppelte von 3"
2 · 3 = 6
Zweite Zahl: „viermal so groß wie die erste"
4 · 6 = 24
Dritte Zahl: 50 − 6 − 24 = 20
Die dritte Zahl heißt **20**.

Seite 62

Die größte zweistellige Zahl ist 99.
___ + 44 = 99
99 − 44 = 55
Die Zahl heißt **55**.
6 − 5 = 1
6 · 5 = 30
Die Zahlen heißen **5** und **6**.

Seite 63

1

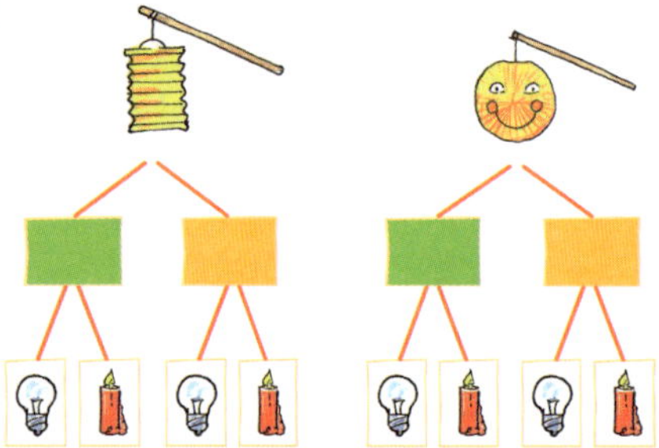

A: Die Kinder haben **8** Möglichkeiten, ihre Laterne zu basteln.

Seite 64

2

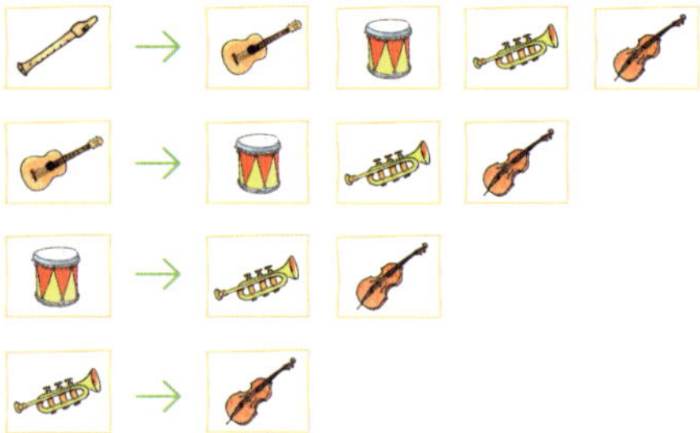

R: 4 + 3 + 2 + 1 = 10

A: Die Kinder haben **10** Möglichkeiten, Gruppen zu bilden.

Gemischte Mal- und Geteiltaufgaben

1 Löse die Aufgaben.

„In 3 Wochen habe ich Geburtstag!", freut sich Felix.

F: Wie viele Tage muss Felix noch warten?

R:

A:

Samuel bringt aus seinem Garten 24 Erdbeeren mit in die Schule. Die Hälfte verteilt er in der Pause an seine 3 Freunde. Die andere Hälfte behält er selbst.

F: Wie viele Erdbeeren bekommt jeder der 3 Freunde?

R:

A: Jeder der 3 Freunde bekommt _____ Erdbeeren.

Geteiltaufgaben mit Rest

1 Zeichne ein, rechne aus und beantworte die Fragen.

Frau Flora bindet in ihrer Gärtnerei Adventskränze. Auf jeden Kranz sollen 4 Kerzen. Sie hat insgesamt 18 Kerzen.

F: Wie viele Kränze kann sie binden?
Wie viele Kerzen bleiben übrig?

R: 18 : 4 = ?

16 : 4 = ____

18 : 4 = ____ R ____

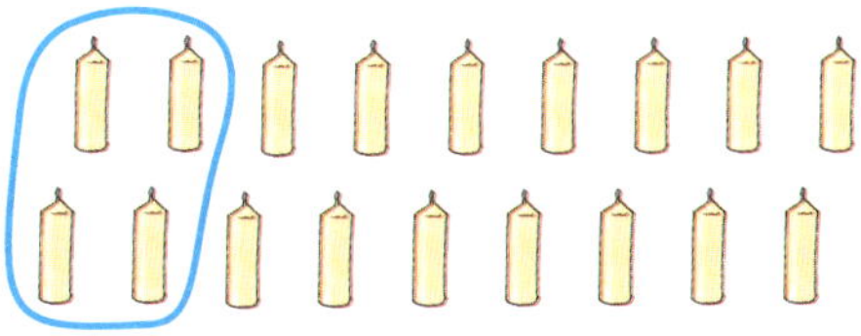

A: Frau Flora kann ____ Kränze binden.
Es bleiben ____ Kerzen übrig.

2 Rechne aus und beantworte die Fragen.

Frau Flora packt 46 Duftseifen in Geschenkkartons. In einen Karton passen 6 Duftseifen.

F: Wie viele volle Kartons gibt es und wie viele Seifen bleiben übrig?

R:

A: Frau Flora kann ____ Kartons füllen.
____ Seifen bleiben übrig.

Geteiltaufgaben mit Rest

1 Löse die Aufgaben.

Anna bastelt Sonnenblumen.
Zur Verzierung klebt sie 3 Papier-Käfer auf jede Blume. Sie hat 17 Käfer.

F: Wie viele Sonnenblumen kann Anna verzieren und wie viele Käfer bleiben übrig?

R:

A: Anna kann ____ Sonnenblumen verzieren.

____ Käfer bleiben übrig.

Paul und seine 12 Freunde möchten Riesenrad fahren.
2 Kinder fahren immer zusammen in einer Gondel.

F: Wie viele Gondeln brauchen die Kinder und wie viele Kinder fahren alleine?

R:

A:

Geteiltaufgaben mit Rest

32 Bonbons werden gerecht an 10 Kinder verteilt.

F: Wie viele Bonbons bekommt jedes Kind und wie viele Bonbons bleiben übrig?

R:

A: Jedes Kind bekommt _____ Bonbons.

_____ Bonbons bleiben übrig.

Für den Wochenmarkt packt Bauer Josef immer 6 Äpfel in einen Beutel. Josef möchte 57 Äpfel verkaufen.

F: Wie viele Beutel füllt Bauer Josef und wie viele Äpfel bleiben übrig?

R:

A:

Rechnen mit Zeit

1 Zeichne den Weg des Räubers ein und beantworte die Fragen.

Räuber Rumpel spaziert von seiner Höhle zuerst zur Oma, um dort Kuchen zu holen. Dann geht er weiter zum Seppl und stiehlt ihm den Sepplhut. Anschließend besucht er den Zauberer Fiesenpeter, um neue Tricks zu lernen. Danach läuft er zum Weiher und angelt sich sein Mittagessen.

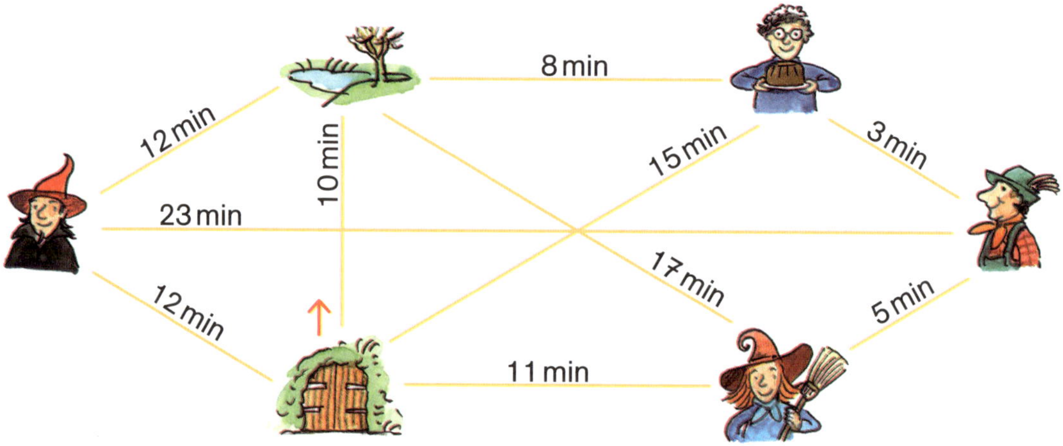

F: Wie viele Minuten läuft der Räuber bis zum Weiher?

R:

A: Der Räuber läuft ______ min bis zum Weiher.

Rechnen mit Zeit

Nach dem Essen besucht Räuber Rumpel die Hexe.

F: Wie lange ist er heute insgesamt unterwegs, bis er wieder in seiner Höhle ankommt? Gib Stunden und Minuten an.

R:

A: ______________________________

____

Räuber Rumpel holt den Zauberer Fiesenpeter ab, um mit ihm gemeinsam zur Geisterstunde um Mitternacht am Weiher zu zaubern.

F: Wann muss Räuber Rumpel von seiner Höhle loslaufen?

 →  → 

+_____ min. +_____ min.

_____ Uhr _____ Uhr _____ Uhr

A: ______________________________

Rechnen mit Zeit

2 Löse die Aufgaben.

Toms Torwarttraining beginnt um 16.30 Uhr und endet um 17.25 Uhr.

F: Wie viele Minuten dauert das Training?

R: 16.30 Uhr —— + ____ min ——→ 17.00 Uhr

17.00 Uhr —— + ____ min ——→ 17.25 Uhr

____ min + ____ min = ____ min

A: Das Training dauert ____ min.

Sophie singt im Schulchor. Die Chorstunde beginnt um 14.30 Uhr und dauert 90 min.

F: Wann ist die Chorstunde zu Ende?

R: 14.30 Uhr —— + ____ min ——→ 15.00 Uhr

15.00 Uhr —— + ____ min ——→ ________ Uhr

____ min + ____ min = ____ min

A: Die Chorstunde ist um ________ Uhr zu Ende.

Rechnen mit Zeit

Philipp braucht 20 min bis zur Basketballhalle. Er verlässt um 15.40 Uhr das Haus, um pünktlich zu sein.

F: Um wie viel Uhr beginnt das Training?

R: ________ Uhr —+ ____ min→ ________ Uhr

A: Das Training beginnt um ________ Uhr.

Linas Kletterkurs beginnt um 15.00 Uhr. 10 min vor Beginn des Trainings ist sie von zu Hause losgegangen.

F: Wie spät war es, als Lina losging?

R:

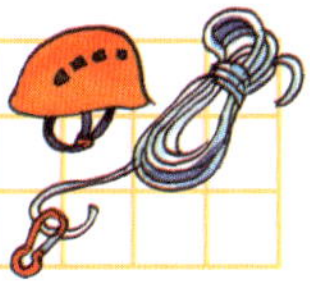

A: Es war ________________, als Lina losging.

Radmilas Töpferkurs dauert 60 min. Für den einfachen Weg dorthin braucht sie 15 min.

F: Wie lange ist Radmila von zu Hause weg?

R:

A: Radmila ist ____ h ____ min von zu Hause weg.

Rechnen mit Geld

1 Schau das Bild genau an.
Rechne aus und finde die Antwort.

Waldzwerg Willi kauft eine Lampe, eine neue Mütze und einen Apfel.

F:

R: ______ + ______ + ______ = ______

A:

Nun kauft er einen Pilz, ein Paar Schuhe und einen Tannenzapfen. Er bezahlt mit einem 50-Euro-Schein.

F:

R: ______ + ______ + ______ = ______

______ – ______ = ______

A:

Rechnen mit Geld

2 Lies den Text und sieh dir das Bild an.
Löse die Aufgabe.

David hat zum Geburtstag 55 € geschenkt bekommen. Er geht in ein Sportgeschäft und denkt sich: „Ich möchte so viel Geld wie möglich ausgeben. Ich kaufe aber nichts doppelt!“

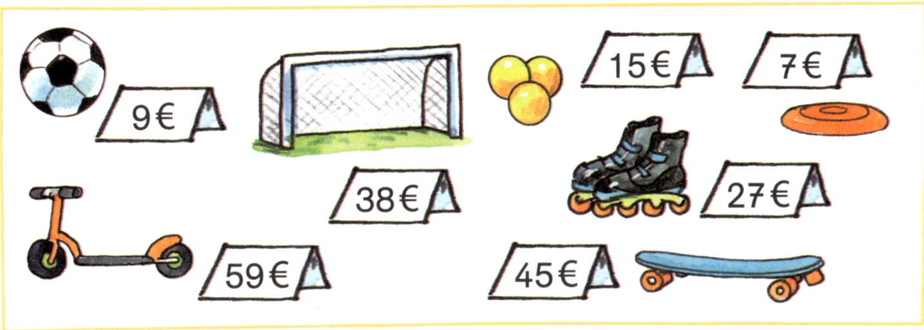

Was kann sich David alles kaufen?
Finde mehrere Möglichkeiten.

a) 45 € + 9 € = ______

b) ______

c) ______

d) ______

Rechnen mit Geld

3 Löse die Aufgaben.

Die Klasse 2 a macht mit dem Bus einen Ausflug zu dem Theaterstück „Bennis wilde Abenteuer“.
5 Kinder können mit einem Fahrschein fahren.
Die Fahrt pro Kind kostet 2 €.

F: Wie viel kostet ein Fahrschein?

R:

A:

Sinan, Lasse und Viktor fahren ins Museum. Der Fahrschein kostet pro Kind 3 € und der Eintritt kostet 2 € pro Kind.

F: Wie viel bezahlen die drei Kinder für alles zusammen?

R:

A:

Rechnen mit Geld

Sieh dir die Tabelle an und rechne dann aus.

Maja und Valentin haben einen Verkaufsstand auf dem Flohmarkt. Sie haben folgende Dinge dabei:

Rätselhefte	Spielfiguren	Bücher	Comics
IIII	𝍸 II	𝍸	𝍸 I
2 €	1 €	5 €	3 €

F: Wie viel haben Maja und Valentin insgesamt eingenommen, wenn sie alles verkauft haben?

R:

A:

Sie teilen die Einnahmen gerecht.

F: Wie viel bekommt jeder, wenn die Standgebühr von 8 € noch abgezogen wird?

R:

A:

Rechnen mit Längen

1 Sieh dir das Diagramm an und rechne aus.

Beim jährlichen Wettbewerb im Besenweitwurf hatte jede Hexe zwei Würfe. Welche hat gewonnen? Zähle dazu die Wurfweiten der einzelnen Hexen zusammen.

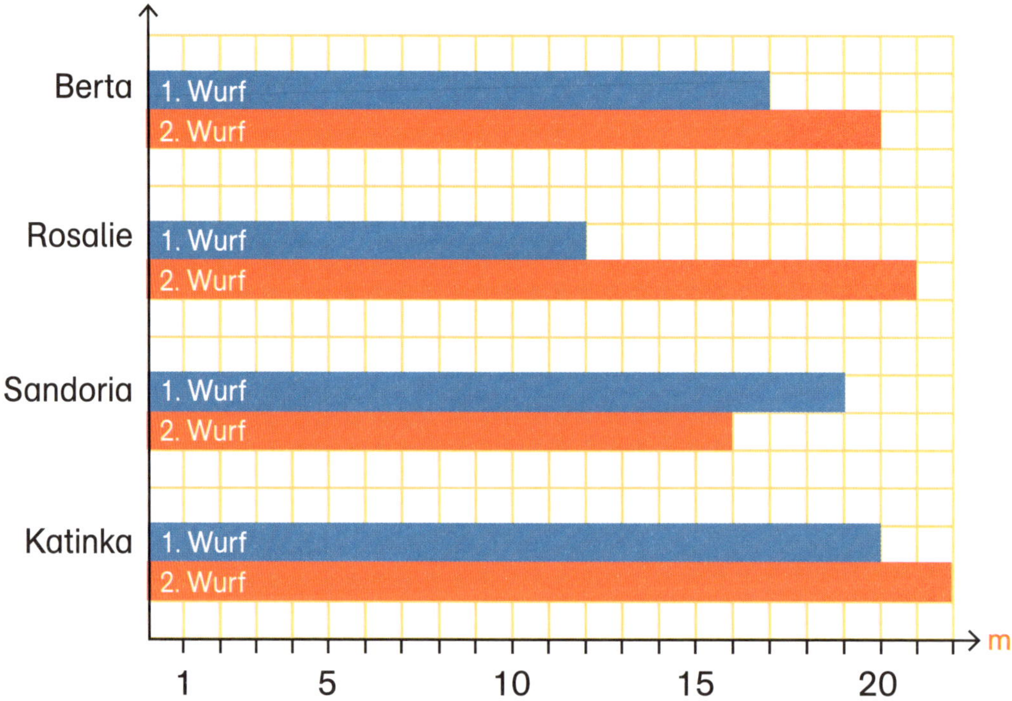

Berta: ______ m + ______ m = ______ m

Rosalie: ______ m + ______ m = ______ m

Sandoria: ______ m + ______ m = ______ m

Katinka: ______ m + ______ m = ______ m

A: ____________________

Rechnen mit Längen

2 Löse die Aufgaben.

Beim Sportfest springt Andi 2 m 80 cm weit. Tobias schafft 40 cm mehr.

F: Wie weit springt Tobias?

R:

A:

Der kleine Drache Feuerwind kann sein Feuer 8 m 60 cm hoch spucken. Seine Drachenmama schafft 9 m 40 cm.

F: Wie viele Zentimeter spuckt die Drachenmama höher?

R:

A:

Rechnen mit Längen

3 Es gibt Pizza bei Familie Nowak. Die Familienpizza ist 50 cm lang und 40 cm breit. Talea schneidet quadratische Stücke, die 10 cm breit und 10 cm lang sind.

Vervollständige die Skizze. Zeichne ein, wie Talea die Pizza geschnitten hat.

___ cm breit

___ cm lang

F: In wie viele Stücke wird die Pizza geschnitten?

A: Es sind ___ Stücke.

4 Talea, Alisa und Milan essen gleich viele Stücke. Nur Olek schafft die doppelte Anzahl. Beschrifte das Streifenmodell.

insgesamt ___ Pizzastücke			
Talea: ___	Alisa: ___	Milan: ___	Olek: ___

Rechnen mit Längen

Klapperschlange Bora schlängelt sich 2 m 60 cm weit von ihrem Nest bis zur Bananenstaude. Dann kriecht sie noch 3 m 20 cm weiter zur Kokospalme.

F: Welche Strecke hat Bora zurückgelegt?

R:

A:

Im Eismeer schwimmt Pinguin Anton vom Eisberg zur Eisscholle. Das sind 9 m. Er schafft die Strecke 7 Mal.

F: Wie viele Meter ist Pinguin Anton geschwommen?

R:

A:

Gemischte Aufgaben

1 Rechne aus und beantworte die Frage.

Elif, Erkan und Tarek helfen ihrer Oma. Für das Rasenmähen bekommen die drei Kinder 6 € und für das Unkrautjäten 8 €. Für insgesamt 5 € kaufen sie sich noch ein Eis. Den Rest teilen sie gerecht auf.

F: Wie viel Geld hat jedes Kind übrig?

R: _____ € + _____ € = _____ €

_____ € + _____ € = _____ €

_____ € + _____ € = _____ €

A: Jedes Kind hat _____ € übrig.

2 Rechne aus und antworte.

29 Kinder möchten mit der Bergbahn fahren. 9 Kinder passen in eine Gondel.

F: Wie viele Gondeln brauchen die Kinder?

R:

A:

Gemischte Aufgaben

3 Lies genau und trage alle Angaben ein. Rechne dann aus.

Folgende Törtchen stehen in der Bäckerei Süß zur Auswahl:

5 Stück 5,00 €	1 Stück 0,70 €	2 Stück 1,60 €

F: Von welcher Sorte ist ein einzelnes Törtchen am günstigsten?

R: Preis pro Törtchen:

 ______ € : ______ = ______ €

 ______ € : ______ = ______ €

 ______ € : ______ = ______ €

A:  ☐  ☐  ☐

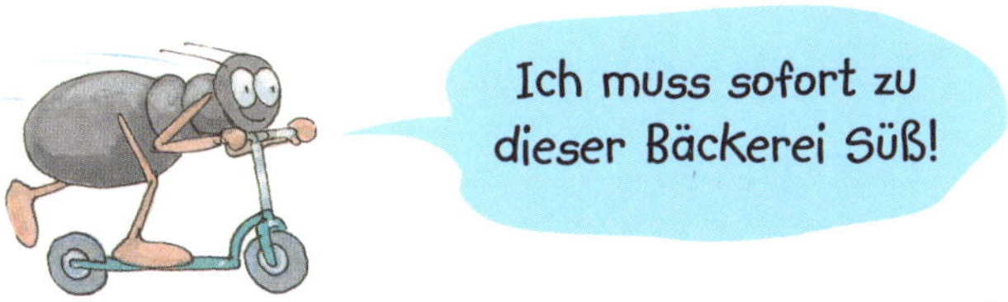

Gemischte Aufgaben

4 Löse die Aufgaben.

Herr Klapper kauft für das Schwimmtraining 3 Schwimmbretter zu je 8 € und 6 Tauchringe zu je 2 €.

F: Wie viel Geld gibt Herr Klapper aus?

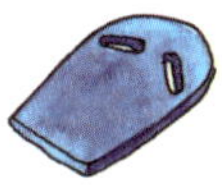

R: _____ · _____ € = _____ €

_____ · _____ € = _____ €

_____ € + _____ € = _____ €

A: Herr Klapper gibt _____ € aus.

Natalie vergleicht ihre Buntstifte. Der rote Stift ist 13 cm lang. Der blaue Stift ist 3 cm länger als der rote. Der grüne Stift ist nur halb so lang wie der blaue. Der gelbe Stift ist 2 cm kürzer als der rote.

F: Wie lang sind die einzelnen Stifte?

R:

A: Der rote Stift ist _____ cm, der blaue _____ cm, der grüne _____ cm und der gelbe _____ cm lang.

Gemischte Aufgaben

Tim ist im Spielwarengeschäft. Dort gibt es ein Rennauto für 36 € und ein Schiff für 34 €.
In seinem Sparschwein waren 15 €. Oma gibt ihm noch 20 € dazu.

F: Was kann sich Tim kaufen?

R:

A: Tim kann sich das ________________ kaufen.

Im Freizeitpark fährt die wilde Löwenachterbahn.
In einen Waggon passen 6 Kinder. 42 Kinder fahren mit.

F: Wie viele Waggons sind besetzt?

R:

A:

Gemischte Aufgaben

Von ihrem Taschengeld kaufen Leon und Julia ihrer Oma zum Geburtstag eine Orchidee für 21 € und einen schönen Übertopf für 7 €. Ihr Vater gibt den beiden 10 € dazu.

F: Wie viel muss jedes Kind bezahlen, wenn sie sich die Kosten teilen?

R:

A:

Im Schwimmbecken sind bereits 7 Kinder. 3 Kinder springen noch in das Becken. Von der Wasserrutsche rutschen 6 Kinder ins Becken. Dann verlassen 4 Kinder das Becken und gehen duschen.

F: Wie viele Kinder befinden sich nun im Schwimmbecken?

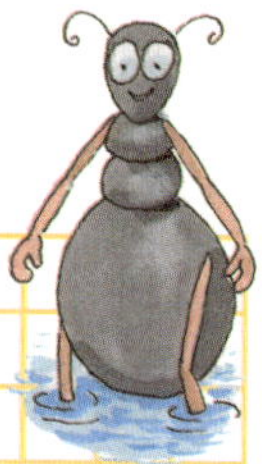

R:

A: Nun befinden sich ______ Kinder im Schwimmbecken.

Gemischte Aufgaben

Auf dem Flohmarkt haben 6 Kinder zusammen 53 € verdient. Auf dem Heimweg kaufen sie sich Bonbons für insgesamt 5 €. Den Rest teilen sie gerecht untereinander auf.

F: Wie viel Geld bekommt jedes Kind?

R:

A:

23 Kinder und die Lehrerin feiern eine Faschingsparty. Die Lehrerin besorgt Schokoküsse. Jeder bekommt 1 Schokokuss. In einer Packung sind 8 Schokoküsse.

F: Wie viele Packungen kauft die Lehrerin?

R:

A:

Gemischte Aufgaben

Auf dem Hof von Bauer Oli leben 2 Katzen und einige Hühner. Alle Tiere zusammen haben 28 Beine.

F: Wie viele Hühner hat Bauer Oli?

R:

A:

Emma verteilt 20 Lollis und 35 Kaugummis gerecht an ihre Gäste.

F: Wie viele Gäste hat Emma, wenn Lollis und Kaugummis genau verteilt werden können?

R:

A: Emma hat ____ Gäste.

Zahlenrätsel

1 Welche Rechnung passt zum Rätsel? Kreuze an.

Wenn ich zu meiner Zahl 36 dazuzähle, erhalte ich 58.

☐ 36 – 58 = ?   ☐ ? + 36 = 58   ☐ ? – 36 = 58

Wenn ich 25 von meiner Zahl abziehe, erhalte ich 28.

☐ ? = 25 + 28   ☐ ? + 25 = 28   ☐ ? – 25 = 28

Wenn ich meine Zahl mit 7 malnehme, ist das Ergebnis 35.

☐ ? · 7 = 35   ☐ 35 : 7 = ?   ☐ 7 · 35 = ?

Wenn ich meine Zahl durch 3 teile und 5 abziehe, erhalte ich 4.

☐ 3 : 5 – 4 = ?   ☐ ? : 3 – 5 = 4   ☐ 5 – 4 · 3 = ?

Wenn ich meine Zahl verdopple und 32 addiere, erhalte ich 50.

☐ ? · 2 + 32 = 50   ☐ ? : 2 + 32 = 50   ☐ ? + ? + 50 = 32

Wenn ich zu 25 die Zahl 7 addiere und davon 10 abziehe, erhalte ich die gedachte Zahl.

☐ 25 + 7 – ? = 10   ☐ 25 + 7 – 10 = ?   ☐ ? + 25 + 7 = 10

Zahlenrätsel

2 Jetzt bist du an der Reihe! Finde zu den Rechnungen das passende Zahlenrätsel. Denke dir dann ein eigenes Rätsel aus.

? + 26 = 88

Wenn ich zu meiner Zahl

? − 7 = 2 · 3

Wenn ich von meiner Zahl

?

Zahlenrätsel

3 Löse die Zahlenrätsel Schritt für Schritt.
Schreibe die gesuchte Zahl auf das Schild.

Ich zähle zu 36 die Zahl 18,
teile das Ergebnis durch 6
und ziehe davon 6 ab.

+18 :6 −6

36 _____ _____ _____

Ich ziehe von 66 die Zahl 22 ab
und halbiere das Ergebnis.
Dazu zähle ich 8.

−22

66 _____ _____ _____

Ich halbiere eine Zahl
und ziehe 25 ab.
Ich teile das Ergebnis durch 5
und erhalte 5.

:2 −25 :5

_____ _____ _____ 5

·2 +25 ·5

Zahlenrätsel

4 Verbinde und löse das Rätsel.

Ich nehme meine Zahl mal 6 und erhalte 54.	___ : 9 = 6
Ich teile meine Zahl durch 9 und erhalte 6.	6 · 9 = ___
Ich ziehe von meiner Zahl 6 ab und erhalte 54.	___ · 6 = 54
Ich nehme 6 mal 9 und erhalte meine gesuchte Zahl.	___ − 6 = 54

5 Kreise die gesuchte Zahl ein.

Meine Zahl ist eine Quadratzahl und hat doppelt so viele Einer wie Zehner.

12 16 24 25 36 42

Meine Zahl kann man durch 3 und 5 teilen. Die Quersumme beträgt 6.

6 10 12 15 20 27 30

Zahlenrätsel

6 Löse die Zahlenrätsel.

Ich denke mir drei Zahlen. Alle drei Zahlen zusammen ergeben 50. Die erste Zahl ist die Hälfte von allen Zahlen zusammen. Die zweite Zahl ist um 20 kleiner als die erste. Wie heißen die Zahlen?

R:

A: Die drei Zahlen heißen _____, _____ und _____.

Hier kommt noch ein Rätsel mit drei Zahlen: Alle drei Zahlen zusammen ergeben auch dieses Mal 50. Die erste Zahl ist das Doppelte von 3. Die zweite Zahl ist viermal so groß wie die erste. Wie heißt die dritte Zahl?

R:

A: Die dritte Zahl heißt _____.

Zahlenrätsel

Wenn ich zu meiner Zahl 44 dazuzähle, erhalte ich die größte zweistellige Zahl.

R:

A: Die dritte Zahl heißt _____.

Ich denke mir 2 Zahlen. Wenn ich die kleinere Zahl von der größeren abziehe, erhalte ich 1. Wenn ich beide miteinander malnehme, erhalte ich 30. Ganz schön knifflig, was? Probiere doch einfach aus, welche Zahlen passen!

R:

A: Die Zahlen heißen _____ und _____.

Kombinatorik

1 Male in die Kästchen und finde heraus, wie viele Möglichkeiten es gibt.

Die Klasse 2b bastelt Laternen für die Nachtwanderung. Die Kinder können zwischen einer runden und einer länglichen Form wählen. Als Farben stehen Grün und Gelb zur Auswahl. Jedes Kind darf entscheiden, ob es eine Glühbirne oder eine Kerze als Beleuchtung haben möchte.

F: Wie viele Möglichkeiten haben die Kinder, unterschiedliche Laternen zu basteln?

Zeichnung:

A: Die Kinder haben ______ Möglichkeiten, ihre Laterne zu basteln.

Kombinatorik

2 Male in die Kästchen und rechne aus, wie viele Möglichkeiten es gibt. Achte darauf, dass nichts doppelt vorkommt.

Im Kinderorchester „Flotte Töne“ gibt es folgende Instrumente: Flöte, Gitarre, Trommel, Trompete und Kontrabass. Der Dirigent sagt: „Immer zwei Kinder mit verschiedenen Instrumenten üben jetzt zusammen!“ Wie viele Möglichkeiten gibt es, Gruppen zu bilden?

Zeichnung:

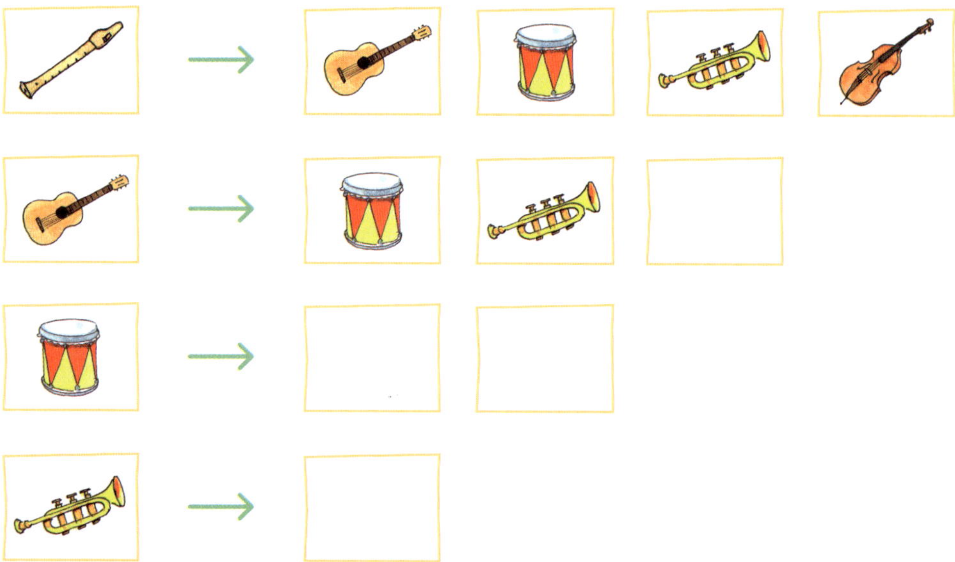

R: 4 + 3 + ____ + ____ = ____

A: Die Kinder haben ____ Möglichkeiten, Gruppen zu bilden.